Sara Ribaudo

Fibromialgia "conviverci per sopravvivere"

UN SORRISO E' MEGLIO DI MILLE
PAROLE...

COPRE IL DOLORE ...NASCONDE I
DISPIACERI CHE SI CELANO
NELL'ANIMA......

DONA RICCHEZZA AL CUORE
CHE SOFFRE...

SARA

Dedicato a coloro che provano dolore ,forse rimorso,

coloro che soffrono e si colpevolizzano...

Dedicato a coloro che sanno ascoltare ed anche a coloro che parlano senza ascoltare ...

Dedicato a chi sa amare indipendentemente da cio'che puo' dare...

Dedicato a chi giudica senza sapere...

e a chi sa'per poter giudicare...

Dedicato alla vita che sia piena o a meta'....

CAPITOLO 1

FIBROMIALGIA "CONVIVERCI PER SOPRAVVIVERE"

MI CHIAMO SARA,HO 32 ANNI,
VORREI PROVARE A RACCONTARE DI ME E
DELLA MIA VITA DA FIBROMIALGICA...

NON E' FACILE PARLARNE PER QUESTO HO

SCELTO DI SCRIVERE,LE PAROLE
SCRITTE RIMANGONO, ED INDELEBILI
S' IMPRIMONO NEI CUORI...

SCRIVERO' A CARATTERI GRANDI PER
PERMETTERE AGLI AMICI FIBROMIALGICI
CHE SOFFRONO DI DOLORI AGLI OCCHI DI
NON AFFATICARSI TROPPO.

CAPITOLO 2

ED ECCOMI CON LA MIA CREATURA….

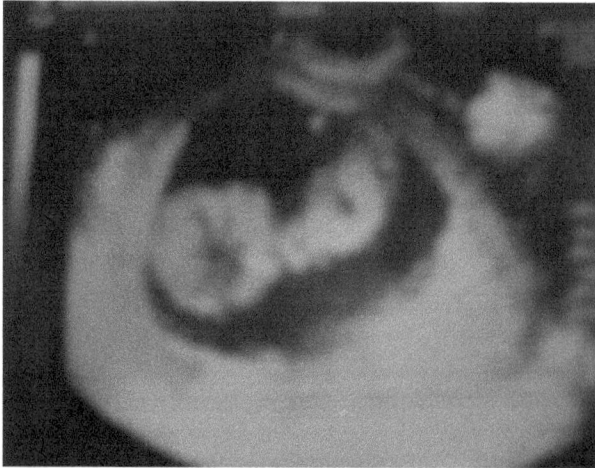

Ricordo indelebile di quel 13 dicembre del 2004, ennesimo test di gravidanza positivo ,ma nell'attesa della risposta...un fiume di sangue.

Chiamai mio marito al lavoro,distante 50 km ,annunciandogli con trepidazione che il test era positivo,che stavo bene e che sarei andata a fare la mia seduta di agopuntura settimanale ,

(l'unica cosa che mi dava sollievo alla schiena, visto considerato l'ultimo anno passato a bloccarmi completamente senza poter nemmeno camminare...),

con le gambe tremanti mi

vestii e ,facendo finta di nulla,
uscii raggiungendo mia madre in
macchina per andare dal

medico in ospedale che ci
aspettava.

In sala d'attesa, avvicinai il
dottore (primario della terapia
del dolore) e gli comunicai che
ero incinta,ma quella mattina
avevo iniziato a perdere sangue
e sopratutto gli chiesi di tenere
il segreto con mia madre alla
quale avrei voluto dare notizia
assieme a mio marito...

Con due occhi paterni il dottore
mi abbraccio' per farmi gli
auguri e mi disse di sospendere
le sedute di agopuntura per i
primi mesi di gravidanza per
non dare sollecitazioni inutili

che potevano rivelarsi un po'
pericolose...,

nel frattempo uscii dalla sala
d'attesa e telefonai al mio
ginecologo di fiducia.

CAPITOLO 3

DALL'EUFORIA ALLA DISPERAZIONE

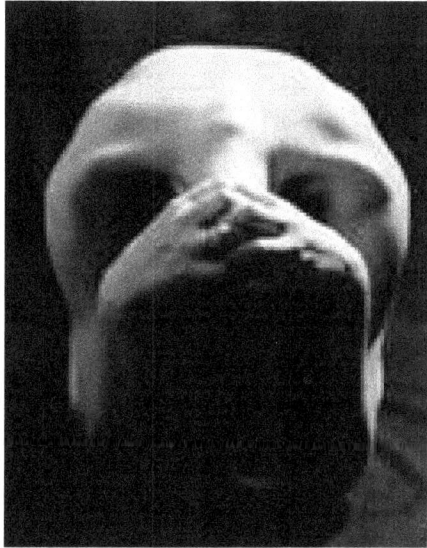

L'euforia duro' gran poco,
decidemmo di dare la notizia ai
futuri nonni organizzando una
cena a casa nostra ,tutto cio' che
ricordo e che mi sentivo

stanchissima ma facevo finta di
nulla,a fine serata l'incubo...

continuavo a perdere sangue e i dolori erano sempre piu' forti ,le chiamate al mio ginecologo furono   inutili,essendo dicembre si trovava in vacanza,dovevo aspettare almeno tre settimane per vederlo,quindi incominciammo i "tour"al pronto soccorso .

Purtroppo il medico di turno, dopo aver fatto ecografia e visita ,disse che non c'era nessun segno di gravidanza

e nessun   battito...

Lasciandomi senza fiato mi

mando' a casa con i miei
dolori ,in attesa di un eventuale
raschiamento.

Quella sera arrivai a casa
stremata,mi sdraiai sul divano in
lacrime........

non dimentichero' mai le parole
di chi mi voleva confortare...

riecheggiano ancora fresche
nella mia mente:"e' meglio
cosi',vuol dire che c'era
qualcosa che non andava..sei
giovane non ti manca il tempo
per fare un altro bambino..."

La stanchezza mi distruggeva e
da quel giorno non mi ha piu'
abbandonata.

Facemmo avanti e indietro
dall'ospedale altre due volte
quella settimana perche' io
sentivo che dentro di me un
cuore batteva ,sicuramente piu'
del mio che era a pezzi,ma mi
mandarono a casa sempre
dolorante e senza segnali
positivi,decisi di aspettare il
rientro del mio ginecologo senza
piu' metter piede in ospedale....

CAPITOLO 4

L'ESSENZA DELLA MIA VITA

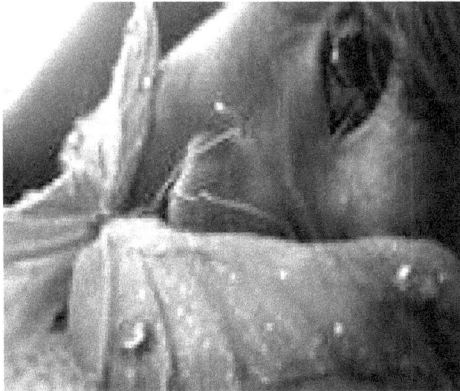

Al ritorno del mio ginecologo mi precipitai in lacrime da lui che mi visito' e senti' il cuoricino

della mia creatura ma mi disse che era a rischio ,in quanto la placenta si era distaccata dovevo stare a letto e farmi tutti i giorni iniezioni di progesterone per cercare di portare avanti la gravidanza....

seguirono due visite settimanali ...

i dolori erano onnipresenti,ma ero felice ogni giorno perche' l'essenza della mia vita era dentro di me!

Una mattina di aprile non riuscii ad alzarmi dal letto,

le mie gambe non rispondevano
piu' a nessun comando ,non
sapevo che cosa fare ero sola e
avevo urgente bisogno di andare
in bagno , per fortuna avevo il
telefono sul comodino e riuscii a
trascinarmi come un "lombrico"
per prendere la   cornetta,

cosi' chiamai mio padre sul
lavoro che si precipito' a casa
mia con il suo mazzo di
chiavi ,mi prese in braccio e mi
aiuto' ad andare in bagno.

Non potendo prendere ulteriori
farmaci, tutti i giorni veniva a
farmi fare stiramenti con la
schiena e le gambe, dopo una
settimana il peggio passo',

ci ero abituata spesso mi bloccavo completamente,

ma in gravidanza e' tutto amplificato...

"ricordo ancora in quinta elementare che appoggiai la testa sul banco di scuola e rimasi bloccata col collo piegato senza una spiegazione,la maestra chiamo' mia madre per venirmi a prendere, rammento solo la

vergogna di uscire dalla classe col collo piegato con i compagni che si burlavano di me,oppure quando nel mettermi la cartella sulle spalle rimasi piegata a 45 gradi...

Episodi continui,visite

continue,mille terapie ma
nessuna spiegazione dai
medici..."

Per non bastare inizio' anche la
cistite a non darmi pace,mi si
blocco' completamente la
minzione urinando sangue ,mi
guari' un'omeopata con tanta
pazienza.

Mi chiedevo ogni giorno che
aprivo gli occhi :" **cosa mi**
succedera' oggi??"

(purtroppo questa domanda
me la pongo ancora tutte le
mattine) .

CAPITOLO 5

OTTO MESI DI AGONIA...

Giorno per giorno proseguiva la lotta per portare avanti la gravidanza,visite continue,fra perdite di   sangue e dolori,

"gli stessi gia' assaporati a 18

anni ,quando fui ricoverata

d'urgenza con dolori addominali

fortissimi,si pensava peritonite in

quanto non riuscivo nemmeno a stare eretta,invece dopo l'ecografia si accorsero che *l'endometriosi*

aveva colpito ovaie e tube,i coauguli di sangue avevano formato cisti cosi' grosse da far prolassare le ovaie...i dolori mi lasciavano piegata in due.

Alla notizia di asportazione di ovaie e una tuba firmai,per mia

fortuna,e mi dimessero....dovetti

affrontare un anno di cure...la
stanchezza mi impediva spesso di
fare vita sociale con i miei coetanei
che avevano energia da
vendere ,mentre io ero additata
come :"quella che ne ha sempre
una"...

Riuscimmo ad andare una
settimana al mare con i miei
nipotini e i miei cognati,ma
essendo gia' dilatata di tre
centimetri ogni movimento
creava l'allerta,dovevo tenere
una guaina perche' i muscoli
erano cosi' deboli che non
riuscivano a reggere il peso del
pancione.

In spiaggia c'erano tantissime
donne incinte che camminavano

nuotavano,giocavano ed io sdraiata sulla sdraio mi chiedevo se questostato"semi-vegetativo"sarebbe finito una volta partorito.

Sognavo di abbracciare la mia bambina e lasciarmi alle spalle i brutti ricordi di una gravidanza complicata...

CAPITOLO 6

5 AGOSTO 2005

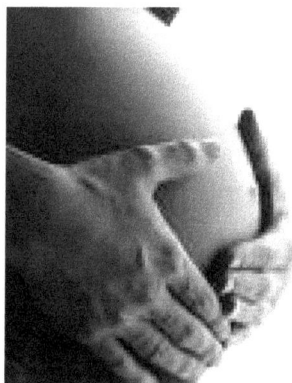

Con un mese d'anticipo arrivo' il momento fatidico,chiamai mio marito al lavoro alle sette del

mattino dicendogli che le contrazioni erano aumentate e doveva tornare a casa...

Ore undici arrivai in ospedale,ore dodici rottura acque,ore diciassette diedi alla luce la mia bambina.

Iniziai a perdere ancora sangue...

cosi' la capo-ostetrica immediatamente mi fece una flebo di ringer ,ma nel frattempo un litro di sangue scorse come un fiume mentre mi sentivo cucire ...

In camera le mamme appena partorienti erano gia' con i loro bambini in braccio,mentre io speravo solo di poter riposare!

Mi veniva da svenire e non riuscivo a respirare a causa della manovra fatta dal ginecologo sulla pancia.

Mi ritrovai con la mia bimba accanto ,ma le forze mi mancavano.

Il ritorno a casa fu un calvario,mia figlia incomincio' ad avere cianosi dovute al reflusso ,probabilmente perchè prematura, facemmo le corse in tre ospedali per avere una diagnosi quindi le notti ero sempre sveglia per controllarle il respiro , per "ninnarla", per allattarla...,

per scuoterla quando soffocava!

Sentivo che quel poco di forze che avevo iniziavano ad abbandonarmi,non avevo piu' la lucidita' e l'energia,che mi succedeva?

CAPITOLO 7

IL DOLORE E L'UMILIAZIONE

Da allora ogni giorno vissuto e' un giorno vissuto a meta'... e' come risvegliarsi all'improvviso con un corpo che non ti appartiene!!!

E' una lotta continua per reagire alle critiche di chi ti dice :

-"ti trovo bene!" oppure:

-"cerca di tirarti su' che c'e' chi sta peggio..."-

 oppure
all'affermazione :-"ho la fibromialgia!" -ti risponde :

-"fibro...che????""hai fibromi????"",

ma stai sempre male???""dai che sei giovane devi reagire..""" -

ecc ecc ...

stendiamo un velo pietoso...

L'umiliazione di doverti sempre giustificare,di spiegare a chi non sa capire....di sentirti donna,moglie e mamma a meta'...

Ebbene ,per chi non sa' cosa vuol dire "sindrome fibromialgica" riporto qui di seguito un "<u>piccolissimo</u>" elenco che piu' o meno contraddistingue questa sindrome .

SINTOMI DELLA SINDROME FIBROMIALGICA

Che tipo di malattia è?
Il termine fibromialgia (FM)
deriva da **"fibro"** che indica i
tessuti fibrosi (come tendini e
legamenti) e **"mialgia"** che
significa dolore muscolare. La

FM è quindi una **malattia**
reumatica che colpisce i
muscoli causando un aumento di
tensione **muscolare**: tutti i
muscoli(dal cuoio capelluto alla
pianta dei piedi) sono in
costante tensione.

Questo comporta **numerosi**
disturbi:

innanzi tutto i muscoli tesi
sono causa di **dolore** che in
alcuni casi è localizzato (le sedi
più frequenti sono il collo,le
spalle, la schiena, le gambe), ma
talora è diffuso dappertutto i
muscoli tesi provocano **rigidità**
e possono limitare i movimenti o
dare una sensazione di gonfiore
a livello delle articolazioni ,i
muscoli tesi è come se

lavorassero costantemente per cui sono sempre stanchi e si esauriscono con grande facilità: questo significa che **chi è** affetto da FM si sente sempre stanco

e si affatica anche **per minimi sforzi.**

I muscoli tesi **non** permettono di

riposare in modo **adeguato**: chi è affetto da FM ha un sonno molto leggero,si sveglia più volte

durante la notte e alla mattina, anche se gli sembra di avere

dormito, si sente più stanco di quando si è coricato (si parla di

sonno non ristoratore").

La tensione muscolare si riflette a livello dei tendini (che sono

 strutture fibrose tramite le quali i muscoli si attaccano alle ossa) che diventano dolenti in particolare nei loro punti di inserzione:

questi **punti dolenti tendinei**, insieme ad alcuni punti muscolari, evocabili durante la visita medica con la semplice palpazione, sono una caratteristica peculiare della FM e vengono definiti **"tender points"**

(FIGURA 1).

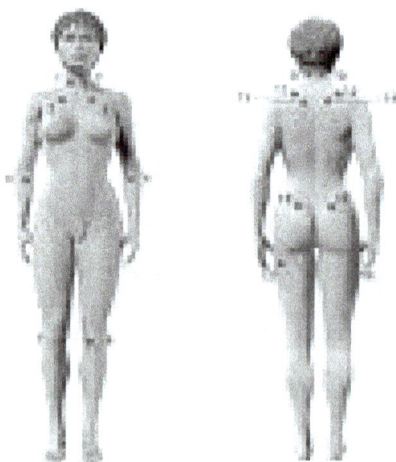

Oltre ai due sintomi principali, dolore e stanchezza, molte altre

manifestazioni cliniche possono far parte del quadro della FM: la varia associazione di tali multiformi sintomi può in parte spiegare le difficoltà nel diagnosticare tale malattia.

Di seguito vengono elencati i sintomi più spesso riferiti dai pazienti. **Rigidità:**

sensazione di rigidità generalizzata oppure localizzata al dorso o a livello lombare, soprattutto al risveglio, ma anche se si resta per qualche tempo fermi nella stessa posizione (seduti o in piedi).**Disturbi del sonno:**

più che difficoltà ad addormentarsi si tratta di

frequenti risvegli notturni e sonno non ristoratore. Viene considerata specifica della FM la cosiddetta **anomalia alfa-delta**": non appena viene raggiunto il sonno "profondo"

(caratterizzato da onde delta all'elettroencefalogramma) si ha un brusco ritorno verso il sonno "superficiale" (caratterizzato da onde alfa). La mancanza di sonno profondo, fase nella quale i muscoli si rilassano e recuperano la stanchezza accumulata durante il giorno, spiega molti dei sintomi della FM (stanchezza persistente, risvegli notturni, sonno non ristoratore).

Mal di testa o dolore al volto:il mal di testa si caratterizza come cefalea nucale, temporale o sovra orbitaria oppure

emicrania, molto spesso ad andamento cronico (cioè

il paziente riferisce di soffrire di mal di testa da sempre). Frequentemente i pazienti con FM presentano **dolore a livello mascellare o mandibolare** e in questi casi la sintomatologia viene confusa con una artrosi o una disfunzione della articolazione temporo-mandibolare.

Tale diagnosi,soprattutto in pazienti

giovani, deve fare sospettare una FM.

Acufeni:

fischi o vibrazioni all'interno delle orecchie. Possono essere originati da spasmi dei muscoli tensivi del timpano.

Disturbi della sensibilità:

in particolare **formicolii**, diffusi a tutto il corpo oppure limitati ad un emisoma (cioè la metà destra o la metà sinistra del corpo) o ai soli arti.

Inoltre diminuzione della sensibilità, senso di intorpidimento o di"addormentamento" con la stessa distribuzione.

Disturbi gastrointestinali:

difficoltà digestive, acidità gastrica, dolori addominali spesso in relazione ai cambiamenti climatici o a fattori

stressanti, e quindi classificate come"gastrite da stress". Nel 60% dei pazienti con FM si associa una sindrome del **colon irritabile** (la cosiddetta "colite spastica"): alternanza di stipsi e diarrea con dolori addominali e meteorismo.

Disturbi urinari:

caratteristica della FM è una aumentata frequenza dello stimolo ad urinare o

una vera e propria urgenza minzionale in assenza di infezione delle urine.

Più raramente si può sviluppare una condizione cronica con dolore a livello vescicale, definita "cistite interstiziale".

Dismenorrea:

molte delle dismenorree di notevole entità e scarsamente responsive alla terapia sono giustificate da una FM non diagnosticata. Anche il vaginismo(dolore durante il rapporto sessuale) è caratteristico della FM.

Alterazioni della temperatura corporea:alcuni pazienti riferiscono sensazioni anomale (non condivise dalle altre

persone che stanno intorno a loro) di **freddo o caldo intenso** diffuso a tutto il corpo o agli arti. Non è rara una eccessiva sensibilità al freddo delle mani e dei piedi, con cambiamento di colore delle dita che possono diventare inizialmente pallide e quindi scure, cianotiche: tale condizione è nota come fenomeno di Raynaud.

Alterazioni dell'equilibrio:senso di instabiltà, di sbandamento, vere e proprie vertigini spesso ad andamento cronico e che vengono erroneamente imputate all'artrosi cervicale o a problemi dell'orecchio. Poiché la FM coinvolge anche i muscoli

oculari e pupillari i pazienti possono presentare nausea e visione sfuocata quando leggono o guidano l'automobile.

Tachicardia:

episodi di tachicardia con cardiopalmo che portano spesso i pazienti con FM al Pronto Soccorso per paura di una malattia cardiaca, soprattutto se si associa dolore nella regione sternale (costo condralgia), molto frequente nella FM.

Disturbi cognitivi:

difficoltà a concentrarsi sul lavoro o nello studio, "**testa confusa**", perdita di memoria a breve termine (in inglese tali manifestazioni vengono definite fibro-fog", cioè annebbiamento fibromialgico).

Sintomi a carico degli arti inferiori:sono rappresentati più spesso da crampi e meno frequentemente da movimenti incontrollati delle gambe che si manifestano soprattutto di notte

("Restless leg Syndrome" o "Sindrome delle gambe senza riposo").

Allergie:

una buona parte dei pazienti fibromialgici riferisce ipersensibilità a numerosi

farmaci, allergie alimentari di vario tipo, allergie stagionali. Pur essendo queste manifestazioni comuni nella popolazione generale, in un

sottogruppo di pazienti affetti da FM le allergie sono molteplici e rappresentano un aspetto preminente della

malattia tale da impedire la normale alimentazione, lo svolgimento della attività lavorativa, ecc. In questi casi

viene a configurarsi il quadro della cosiddetta **"Multiple Chemical Sensitivity Sindrome"**, o Sindrome delle Intolleranze Chimiche Multiple

nella quale i pazienti risultano ipersensibili a moltissime sostanze, dai farmaci ai cibi a sostanze chimiche di vario tipo, con gravi limitazioni nella

vita quotidiana.

Ansia e depressione:molti

pazienti affetti da FM riferiscono manifestazioni ansiose (a volte

con attacchi di panico) e/o depressive. Questa associazione ha fatto sì che in passato la FM venisse considerata come un processo di somatizzazione in soggetti ansiosi o depressi, e

purtroppo ancora oggi molti medici sono legati a questa ormai superata definizione. I numerosi studi sul rapporto tra ansia/depressione e FM hanno

dimostrato,inequivocabilmente ,che la *FM non è una malattia*

psicosomatica **e che gli eventuali sintomi depressivi o ansiosi sono un** effetto piuttosto che una causa della malattia. Una reazione depressiva è infatti comune a tutte le malattie che comportano un dolore cronico, come ad esempio la artrite reumatoide o l'artrosi.

Idea/progetto/testi Dott. Marco Ghini -reumatologo

CAPITOLO 10

I MIEI SINTOMI

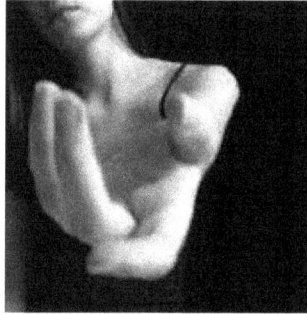

Fu'un accavallarsi di sintomi
strani,incominciai ad avere
dolori addominali sempre piu'
forti,la dissenteria non mi

abbandonava mai...non potevo nemmeno andare al supermercato tranquilla,

perche'l'idea di non poter controllare il mio corpo mi terrorizzava...avevo l'incubo del bagno...nella borsa oltre a portare il cambio per la mia bambina dovevo prima pensare al cambio per me...

Fu' un susseguirsi di umiliazioni...

Pensando ad un problema di allergia alimentare mi recai a Modena da un medico che effettuo' dei test per le intolleranze alimentari,risultai positiva a quasi tutti i test,feci le sue cure e la disintossicazione,

ritornai da lui dopo due mesi,ma
invece di migliorare i sintomi
aumentavano .

Spesi circa 500 euro
per le cure e le visite,ma nulla
cambio',passavo giornate intere
in bagno e notti sveglia a
contorcermi dai dolori ,il medico
di famiglia mi fece fare degli
esami del sangue e delle feci,ma
non risulto' nulla di rilevante
eccetto le piastrine sempre
basse,cosi' mi consiglio' di fare la
gastroscopia .

Come sempre le liste d'attesa
erano lunghissime,quindi pagai
altri 100 euro e mi recai da

una gastroenterologa
specializzata in problemi di

celiachia,e mi disse con

molta sicurezza che ,visto l'aftosi ricorrente e l'enterite ,si trattava di celiachia ma l'esito della gastroscopia, con prelievo

dei villi intestinali ,non confermo' la sua tesi ma ne risulto' un esofagite da reflusso con due ulcere all'esofago,mi rassicuro' dicendo che curando l'esofagite sarebbero finiti i miei dolori di pancia.

Mi curai per tre mesi ma nulla cambio' se non che persi 10 kg,pensai ancora una volta di recarmi da un altro gastroenterologo....mi prescrisse ecografia e cure per colon irritabile,mi disse che ero troppo ansiosa e stressata per via delle notti insonni causate dalla mia bambina che non stava bene e che non avevo nulla

di preoccupante,dovevo solo crederci....

Dopo due mesi di cure mi fecero la colon-scopia per escludere morbo di chron, effetivamente anche la colon non rivelo' nulla cosi' il mio medico decise di prescrivermi antidepressivi per alleviare gli spasmi intestinali e i dolori che la notte non mi facevano dormire.

Peggiorai,lo stato confusionale aumento' e la stanchezza anche,non ero piu' in me e nessuno mi credeva ,io stavo malissimo ma dovevo sempre essere una mamma e una moglie d.o.c!!!

Un'amica mi consiglio' un test per accertare un eventuale intolleranza al lattosio,

...lo feci e con mia enorme sorpresa usci' positivo,ero in ospedale con fortissimi

dolori di pancia ma,

quando la dottoressa mi

comunico' l'esito ,ero al settimo cielo,pensai che eliminando il lattosio dalla dieta avrei finalmente ripreso il controllo del mio corpo!!

Ero felicissima!!!!

Questo stato di felicita' duro' molto poco,stavo sempre peggio,in piu'continuavo a prendere antibiotici per la cistite.

Una mattina mi svegliai come sempre distrutta,la mia bocca sanguinava avevo piu' di dieci afte enormi che mi impedivano di deglutire,era domenica,mio marito mi accompagno' dalla guardia medica che mi

prescrisse delle toccature con cortisonici.

I linfonodi dolenti,il mal di

pancia,mal di stomaco,la bocca dolorante,la cistite,la stanchezza,che mi dovevo aspettare ancora?

CELL-FOOD

Prima di andare avanti a parlarvi di me vi posto un prodotto che sto' usando sotto consiglio di

un'amica,la scrittrice Scheyla Bobba,fibromialgica,

sono da poco andata ad un convegno con lei e con medici eccezionali che mi hanno consigliato ceel-food e vi garantisco che funziona, almeno su di me, in quanto mi allevia la stanchezza....

(e' ovviamente un consiglio ,non una pubblicita'!)

"Si tratta di un integratore dalle caratteristiche molto particolari. I bassi dosaggi di sostanze minerali, enzimi, e aminoacidi presenti nella soluzione colloidale di Cell food riescono ad essere attivi grazie alle importanti caratteristiche di dissociazione della componente più importante del prodotto stesso: il Solfato di Deuterio.

Si tratta di un acido importante per l'equilibrio dell'organismo, in cui però gli atomi di Idrogeno sono stati sostituiti con Deuterio (isotopo NON radioattivo dell'Idrogeno).

La particolare configurazione della molecola fa sì che questa, in presenza di radicali liberi dell'ossigeno, si scinda e che

l'ossigeno liberatosi per il particolare effetto massa del Deuterio, "catturi" il radicale di

Ossigeno trasformandolo in ossigeno molecolare.

Da qui la doppia funzione del Cell food, che da un lato agisce come antiossidante (scavenger) , e dall'altro apporta ossigeno al sistema, favorendo il miglioramento della respirazione cellulare.

Indicazioni:

Cell food viene consigliato in

tutte le condizioni di scarsa attivazione cellulare. Quindi i suoi impieghi riguardano soprattutto la Stanchezza, l'Astenia, e la Fatica

muscolare, ma ha un evidente possibilità di azione nel caso di presenza di ccccsso di radicali liberi, quindi come complemento nelle condizioni di

intossicazione da metalli pesanti, da farmaci, nel caso di infiammazioni o di infezioni croniche o nel caso di prolungati squilibri alimentari.

In realtà può essere un buon supporto a qualsiasi terapia in corso, migliorando le condizioni metaboliche e di ossidazione dell'organismo e rendendolo quindi più ricettivo alle azioni dei farmaci indicati per altre patologie.

Ovviamente quindi molti atleti utilizzano Cell food come sostegno alle loro prestazioni. Gli USA hanno definitivamente chiarito che Cell food NON è sostanza dopante a tutti gli effetti, stimolando solo la respirazione cellulare in modo assolutamente biologico e fisiologico.

Dosaggio:

Cell food, nella sua preparazione base, è un liquido molto acido. Deve essere miscelato con acqua minerale (o altri liquidi, come una spremuta, ad esempio) e può essere preso prima del pasto o durante o dopo, senza diversità.

Dosaggio adulti Normalmente si cerca di aumentare gradualmente il dosaggio partendo da 1-2 gocce tre volte al giorno fino ad arrivare al dosaggio standard di 8gocce tre volte al giorno nel volgere di 10.15 giorni. A causa della sua azione di forte stimolazione generale, nei primi giorni Cell food può mantenere una azione di vigilanza attiva. In quel caso si deve limitare l'assunzione solo ai momenti che precedono la prima colazione e il   pranzo evitando quella della cena.

Dosaggio bambini :

si suggerisce l'uso di 1 goccia

al giorno per anno di età, tre volte al giorno, fino a un massimo di12-15 gocce in totale nella giornata.

Un bambino di 6anni ad esempio prenderà 2 gocce tre volte al giorno.

Dosaggi particolari In casi particolari, come per gli atleti, per persone in trattamento disintossicante da metalli pesanti o per altre indicazioni mediche, il dosaggio può essere aumentato anche fino a 15.20 gocce tre volte al giorno.

Dosaggi degli spray In genere si usano 1-2 spruzzi effettuati direttamente in bocca, da ripetere 2-3 volte al giorno. Alcuni prodotti, come il Cellfood SAME vanno usati direttamente in gocce sublinguali, da deporre sotto la lingua in misura di 4-8 gocce al giorno per 2-3 volte al giorno. Si attendono 30 secondi prima di deglutire il tutto.

Durata per un uso come semplice antiastenico, ricostituente da auto terapia si suggerisce di continuare il trattamento per un massimo di un paio di mesi, (riprendendolo poi dopo un periodo di sospensione) e di proseguirlo a lungo senza interruzione solo dopo un confronto con il proprio terapeuta.

Su indicazione medica l'assunzione può anche essere continuativa.

Preparazioni particolari

Euro dream commercializza una serie di preparazioni che hanno il Cell food base come costituente primario e alcune aggiunte che ne caratterizzano invece delle funzioni più specifiche di supporto nutrizionale.

Di particolare utilità Cell food DNA/RNA attivo

soprattutto nella riparazione tessutale e nella azione anti age, Cell food SAMe con forte valenza detossificante ma soprattutto di sostegno al tono dell'umore, Cell food Multi vitamin per una integrazione a tutto campo, Cell

food Vitamin C contenente una formulazione particolarmente efficace di tipo antiossidante con azione protettiva

sull'invecchiamento cutaneo, Cell food MSM spray con una azione miorilassante e molto attivo nella riduzione dei dolori

articolari e ossei, e la crema
antiage contenente anche Aloe
Cell food Oxygen gel.

L'unico problema resta
ovviamente il prezzo.....

GIRI DI ESAMI E VISITE INFINITE...

Continuarono a peggiorare i miei sintomi,ma gli esiti erano sempre   negativi quindi il dottore mi riempi' di

 tranquillanti,attribuendo il tutto ad un forte esaurimento

causato dalla gravidanza, cosi' decisi di rivolgermi ad altri cinque specialisti,ma nulla risulto',solo tanti tanti soldi buttati al vento....provai mille

 cure....ma peggioravo sempre piu'.

Cosi' iniziai a fare ricerche su ricerche....finche' cercai ,di testa mia,un immunologo nella mia citta' specializzato in malattie rare,ovviamente le liste d'attesa servizio sanitario erano eterne,

quindi andai **nuovamente** a pagamento.

Cosi' trovai uno specialista reumatologo che mi ascolto'

per un'ora, poi mi visito' accuratamente e mi prescrisse una sfilza di esami genetici,(spesi piu' di

100 euro solo per gli esami)quando tornai, con gli esiti prevalentemente negativi ,mi disse che i miei

tender point erano quasi del tutto positivi:

-"che vuol dire" -chiesi?

mi rispose con tanta

tranquillità':

"_Signora per il suo problema non esiste nessuna cura ,ma solo

pagliativi...lei soffre di
fibromialgia!!!"

mi liquido'con ***antidolorifici e e***
cortisonici....

immaginate il mio umore in quel
momento?sapere di star male
ma non potersi curare??

Beh,e' esattamente cosi':

un fibromialgico in Italia, e ce
ne sono piu' di due milioni,e'
condannato a sentire dolore in
continuo aumento ,24 ore al
giorno,in ogni parte del corpo e
<u>per sempre.</u>

Oppure puo' scegliere di

rimbambirsi di psicofarmaci per dormire ,(perche' la fibromialgia non ti permette di riposare!!!),

puo' prendere analgesici,

antidolorifici,cortisonici,

ecc ,certamente farmaci molto "leggeri"...che dopo due mesi di cura ti fanno aumentare di peso ,ti fanno andare in giro come una zoombi....

la cosa piu' bella?trovare lavoro in questa situazione!!!!!!!

E' ridicolo ma in Italia non si offre lavoro ai fibromialgici!

Sei solo una "palla al piede",chi assumerebbe una persona sempre stanca e dolorante che rende poco e fa fatica a fare tutto??

Mi chiedo come mai a pochi km da qui,a Bolzano per l'esattezza,la sindrome

fibromialgica viene riconosciuta come malattia invalidante con diritto ad una pensione ,

(per pagarti le terapie)e al

lavoro obbligatorio ????

Forse qui siamo cavie

per sperimentare mille farmaci visto che prima di arrivare ad una diagnosi son passati mille anni e sei morto arricchendo le tasche della sanita'?

Credo che la risposta possiate darvela da soli!

cosi' mi ritrovo a scrivere per
sfogare tutta la mia rabbia
contro questo sistema
organizzativo e contro tutti i
medici che prima di darti una
risposta ti dicono che sei
solo"stressata"!!!!

LE ALI
SPEZZATE

La sindrome fibromialgica

ti fa vivere con le ali spezzate, ho voluto scrivere per gridare il mio dolore a tutti quelli che non ti capiscono, ma non perche' debbano per forza farlo ,ma perche' per un solo istante provino un po' di empatia,che non significa pena,ma semplicemente mettersi nei nostri panni per un secondo....

Io sono Sara,fibromialgica,mi alzo la mattina che sono piu' stanca della sera precedente,

vado in cucina ed inizio a bere cocktail a base di vitamina b12, altrimenti il corpo brucia e la palpebra trema,magnesio per non avere continui spasmi muscolari e altri cinque preparati fitoterapici

per "sopravvivere"!!!!!!!!!!!!

Eh gia', spesso devo

rinunciare a fare cio' che una ragazza di 32 anni farebbe,ma voglio che sappiate che amo la vita amo mia figlia e mio marito i miei genitori piu'di me stessa,e vorrei goderne appieno,ma non sempre si puo' avere tutto dalla vita,quindi diciamo che questa malattia ti ridimensiona,ti fa crescere forse troppo in fretta,ma ti rende piu'sensibile ed altruista.

La accetto a patto che non sia lei a vivere ma... io!

CAPITOLO 13

LA
QUOTIDIANITA'

Vorrei per un attimo che vi

immedesimaste in una giornata "tipo"di un fibromialgico....

Provate a pensare di svegliarvi la mattina gia' a pezzi...senza energia...

Che fareste?

Vi rimbocchereste le maniche ed affrontereste di petto ogni situazione che vi si presenta,dal portare a scuola i bambini ,andare al

lavoro,tornare a casa, pulire e sistemare,cucinare,

accudire i bimbi,ascoltarli, giocare con loro,assorbire i loro pianti,ecc..ecc..

il tutto associato a:

stanchezza,bruciori,

formiccolii,scosse
elettriche,capogiri,

stordimento.

Mi capita spesso di

dimenticarmi da

un secondo all'altro cio' che
devo fare o di non riuscire a
godere di un abbraccio della mia
bambina perche' solo muovere le
braccia mi crea dolore,o di non
poter assaporare la vera
intimita'perche' il solo

sfioramento della pelle crea
bruciore...

Di non riuscire a giocare sul
tappeto o fare la lotta,di essere
troppo stanca , dolorante e

distrutta per andare a fare la spesa,di far finta di nulla,di nascondere,di sorridere lo stesso quando vorrei tanto piangere.

Scrivo mentre la mano destra e' congelata ed intorpidita,ma voglio continuare,

continuare per farvi capire quanto e' difficile mentire se non si e' nati attori....

Cosi' ho imparato a conviverci con la fibromialgia,ad affrontare le cose una alla volta,

a riconoscere che, anche se non vorrei,il mio corpo mi impone dei limiti e devo assolutamente rispettarli,altrimenti peggioro la situazione ,

ho imparato a non badare ai commenti delle persone,e a cogliere ogni occasione per volermi piu' bene,a non colpevolizzarmi se sto

male ,e a rispettare il mio corpo...

Non posso dare 100 ?daro' il 50 oggi e il 50 domani,

alla fine il risultato e'sempre 100!!!!!!!

CAPITOLO 14

ANCHE UNA ROSA...

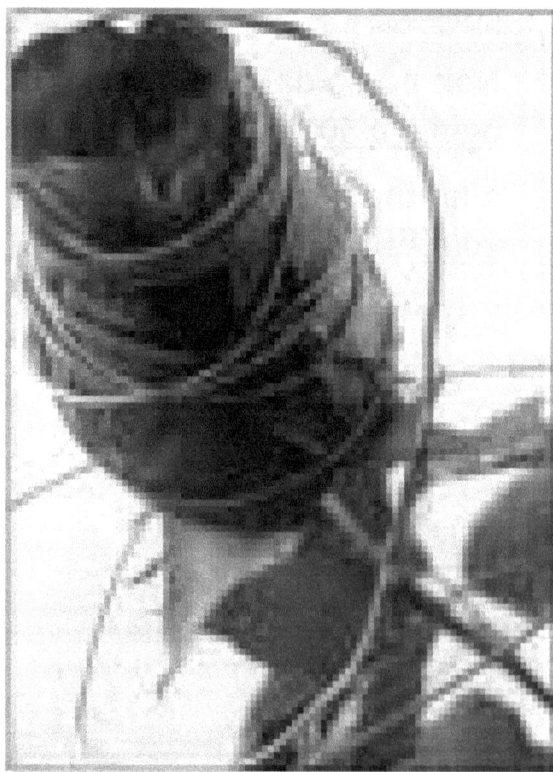

Ci tengo a sottolineare che questo libro e' solo un racconto personale e non un prontuario medico,ognuno segue le terapie piu' idonee nel suo caso,io ho scelto strade alternative che associate alla medicina tradizionale stanno dandomi un po'di giovamento,in ogni caso e' importante seguire i consigli dei medici,quelli con la

"m"maiuscola

intendo quelli che ci consigliano,ci ascoltano e ci fanno fare ginnastica e terapie dolci piuttosto che imbottirci di farmaci, (mai fermarsi perche'si ha dolore,e' sbagliatissimo!!).

La fibromialgia

ti rende delicata come una rosa ma nello stesso tempo inattaccabile ,un fiore che con le sue spine si difende dagli attacchi esterni...

cosi'anche noi ,seppur fragili,

se lottiamo saremo inattaccabili!

Per far questo dobbiamo

<u>informare ed essere informati sempre</u> ad ogni costo e lottare per noi e per chi soffre come noi o per chi non ha avuto la forza di lottare come Fabian che a 28 anni ha rinunciato alla vita,

perche' non sopportava piu' il dolore,_QUESTO NON DEVE ACCADERE MAI PIU'!_

RIPORTO QUESTA BELLISSIMA POESIA SCRITTA DA UN MALATO DI FIBROMIALGIA SUL "FORUM DELLE MALATTIE REUMATICHE" .

DIALOGO TRA UN FIAMMIFERO e UNA CANDELA.

Arrivò il giorno, quando il fiammifero disse alla candela:
Ho l'incarico di accenderti.
Oh no, si spaventò la candela, questo no.
Quando brucio, i miei giorni sono contati.
Nessuno ammirerà più la mia bellezza.
Il fiammifero replicò:
Ma vuoi rimanere tutta la vita fredda e dura,
Senza aver vissuto prima?
Ma bruciare fa male e consuma le mie forze,
Sussurrò la candela insicura e piena di paura.
E`vero, ribadì allora il fiammifero.
Ma questo è il segreto della nostra vocazione.

La nostra vocazione è di essere luce.
Quello che posso fare è poco.
Se non ti accendo, mi lascio sfuggire - il
senso della vita.
Io sono qui per attizzare il fuoco.
Tu sei una candela.

Tu devi brillare per gli altri e regalar loro il
tuo calore.
Tutto quello che dai con dolcezza, amore e
altruismo,
viene trasformato in luce.
Non vai persa quando ti abbandoni.
Altri continueranno a glorificare il tuo
fuoco.
Solo se ti neghi, dovrai morire.
Allora la candela raddrizzò completamente
il suo stoppino
e parlò dolcemente colma di attesa .

RINGRAZIAMENTI:

CI TENGO A RINGRAZIARE TUTTI COLORO CHE MI SOSTENGONO,MIO MARITO ALESSANDRO PER AVERMI SOPPORTATO PER 10 ANNI ,MIA MAMMA CHE HA DA POCO SCOPERTO DI ESSERE FIBROMIALGICA,

IL MIO NUOVO MEDICO CHE CREDE MI HA SAPUTO ASCOLTARE,IL MIO OMEOPATA CHE MI CURA DA ANNI CON FITOTERAPICI CREATI DA LUI,LA MIA FAMIGLIA, LA

MIA CARA AMICA
SIMONA CHE MI HA
SEMPRE CONFORTATO
CON PAROLE BUONE
DURANTE IL MIO
PERCORSO,RINGRAZIO IL
MIO DIO CHE MI HA DA
LA FORZA DI
SOPPORTARE ....E TUTTI
COLORO CHE

HANNO PERSO IL LORO
TEMPO PREZIOSO

PER LEGGERE   QUESTO
RACCONTO!

AMARE,PER AMARTI...
SOFFRIRE PER CAPIRTI...
DETESTARE IL DOLORE ...PER ASSAPORARE
LA GIOIA...
L'AMORE REGALA GIOIA, L A SOFFERENZA...REGALA
INDIFFERENZA...IL DOLORE...REGALA "SOPRAVVIVENZA"

SARA

INDICE:

08-05-2010
SARA RIBAUDO

FABIAN

traduzione della sua lettera

Se in questa lettera ripeto incoerenze,
capisco che il mio stato mentale non è
molto lucido,
ben sapendo che nel giro di poche ore
cesserò di esistere. Ma non posso più
sopportare questo terribile dolore
su una base quotidiana, non vedo il senso
di continuare a subire ulteriore tormento.
Lunghi anni di dolore, impotenza,
incomprensione, rabbia, frustrazione e un
lungo elenco di sentimenti. Quando ci si
sente in solitudine, anche se ho sempre
trovato l' amore e l' amicizia. Ho
combattuto l' impossibile per la cura, ho
viaggiato in Spagna, a contorcermi dal

dolore cercando notizie per tutti , un po 'di
volte fino a rendermi ridicolo. Sono stato
frainteso migliaia di volte in tutto
questo tempo, mamma e papà solo a voi il
mio grazie. E'in queste circostanze che o si
scopre la qualità dell'esistenza
umana, la solidarietà e l' impegno.
Durante la mia malattia ho avuto la
piacevole sorpresa per coloro che si sono
interessati e hanno mostrato interesse,
nonostante io non fossi più Fabi, se non un
sostituto.
I miei zii e le mie zie, i miei genitori e i miei
cugini ci sono stati. A differenza di altri... ,
anche se hanno dimostrato un certo
interesse, non hanno mosso un dito.
Non dico i nomi perché non voglio che farli
arrossire, si supponga che ognuno di loro si
sentano toccati (...)
SIAMO TUTTI FABI
Ho sempre avuto chiaro che ho scoperto
che avevo la malattia , ma io sarei stato
disposto a pagare l' intera
mia vita solo per trovare sorti senza dolore,
speranza di guarigione. Questa malattia
non ti uccide, distruggere voi, solo voi
come una persona, prima fisicamente e
psicologicamente dopo.
È rottura delle illusioni, la malattia ruba la
sicurezza in se stessi, le vostre ambizioni,
la vostra auto-stima e, infine, si conclude
con la vostra dignità; non accadrà con me.

So che un sacco di gente definsce la mia
decisione come la decisione dei vigliacchi.
Beh, vorrei dire tre cose.
1° Sono stato un vigliacco che vuole morire
per la mia situazione e non ho il coraggio
di prendere il passo.
2° A mio parere, non ho commesso
suicidio, sono morto di di fibromialgia.
3° Ci sono alcune palline che si chiamano
Ragadi, che ho avuto due giorni con le
gambe tremanti.
E mi addolora perdere tanti anni e non ho
altra scelta. Potrei scrivere ore, ma non è
neppure una questione di scrittura La
terza parte del "i pilastri della terra".
Basta ricordare che questa è la scelta di
dignità. la vita è tragica ironia della
sorte,...
Siate forti e aiutate il papà e mamma,
fatelo per me. Non so dove, ma non abbiate
paura di un inferno, perché il mio già
esiste SEMPRE preferisco morire piuttosto
che vivere in ginocchio. La sciarpa che
indosso e' DI COLORE ROSSO
sulla Tomba verso l' eternità. Così sia.
Fabi..........

"SIAMO TUTTI FABI"
mai più la morte per il riconoscimento
della fibromialgia contro la terribile
indifferenza e un trattamento senza
rispetto della dignità di chi soffre

"SIAMO TUTTI FABI"